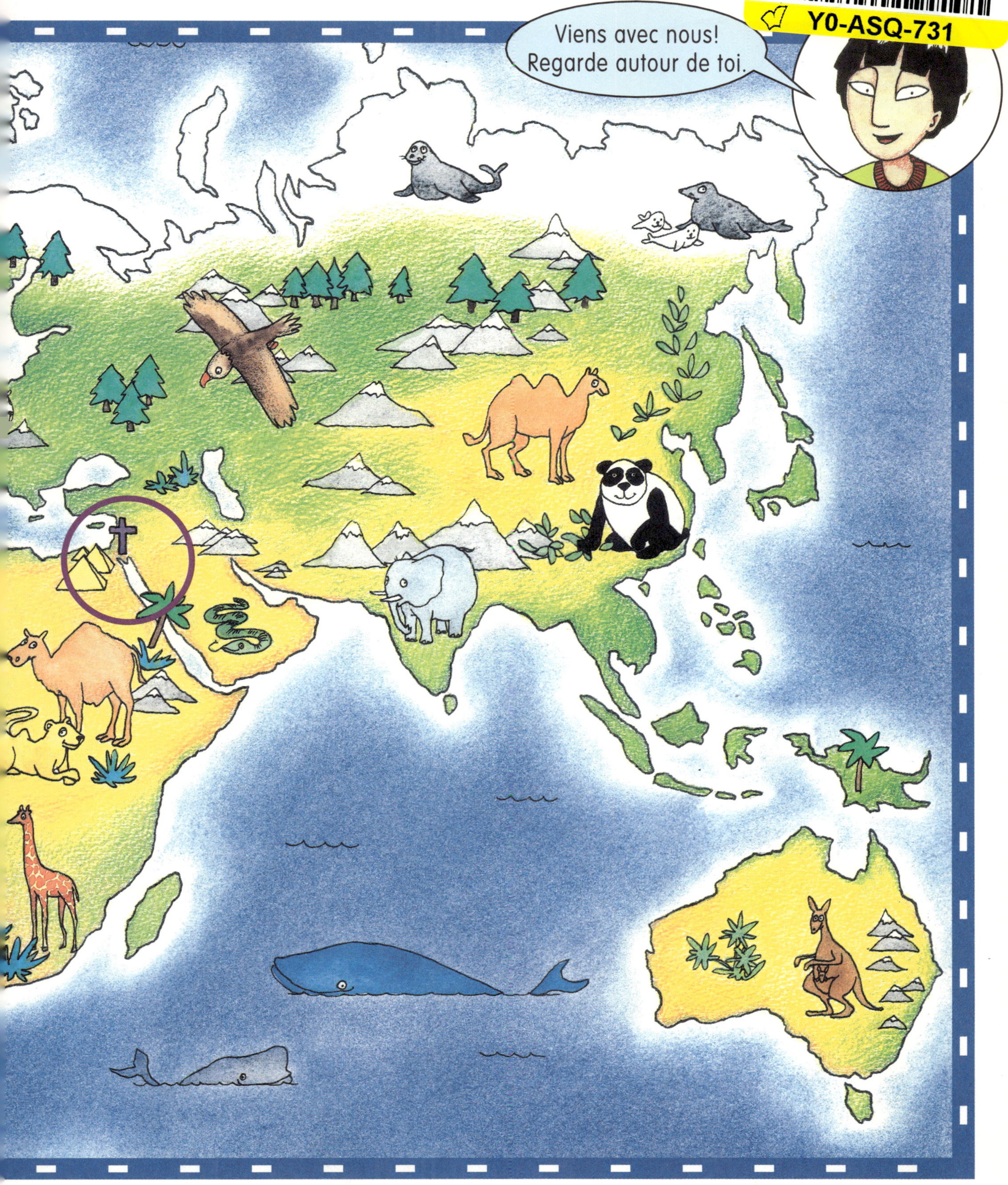
Viens avec nous!
Regarde autour de toi.

Josiane Cameron   Daniel Gougeon

À la recherche de Dieu

Enseignement moral et religieux catholique

Collaboration spéciale

Simone Duval
conseillère en éducation chrétienne

Claire Côté
bibliste

Illustrations

Isabelle Arsenault

Chenelière/McGraw-Hill
MONTRÉAL • TORONTO

À la recherche de Dieu
Enseignement moral et religieux catholique

Josiane Cameron et Daniel Gougeon

© 1998 Les Éditions de la Chenelière inc.

Éditeur : Nagui Rabbat
Supervision éditoriale : Louise O'Donnell-Jasmin
Coordination : Denis Fallu
Correction d'épreuves : Viviane Deraspe
Conception graphique et infographie : Christian Campana

Crèches des pages 50 et 51 : Collection du Musée de l'Oratoire Saint-Joseph

---

Données de catalogage avant publication (Canada)

Cameron, Josiane, 1970-

À la recherche de Dieu: enseignement moral et religieux catholique. Manuel : première année

ISBN 2-89461-090-4

1. Catéchèse — Manuels pour enfants — Église catholique. 2. Éducation morale — Ouvrages pour la jeunesse. I. Gougeon, Daniel. II. Titre

BX930.C336 1998   268'.432   C98-940605-9

Chenelière/McGraw-Hill
7001, boul. Saint-Laurent
Montréal (Québec)
Canada H2S 3E3
Téléphone : (514) 273-1066
Télécopieur : (514) 276-0324
chene@dlcmcgrawhill.ca

Tous droits réservés.

Toute reproduction, en tout ou en partie, sous quelque forme et par quelque procédé que ce soit, est interdite sans l'autorisation écrite préalable de l'Éditeur.

ISBN 2-89461-090-4

Dépôt légal : 2ᵉ trimestre 1998
Bibliothèque nationale du Québec
Bibliothèque nationale du Canada

Imprimé au Canada par Imprimeries Transcontinental inc. Division Métropole Litho
1 2 3 4 5   02 01 00 99 98

L'Éditeur a fait tout ce qui était en son pouvoir pour retrouver les copyrights. On peut lui signaler tout renseignement menant à la correction d'erreurs ou d'omissions.

DANGER
LE PHOTOCOPILLAGE TUE LE LIVRE

Table des matières

Chapitre 1
　　Regarde autour de toi **1**

Chapitre 2
　　Des témoins de Dieu: le peuple hébreu **19**

Chapitre 3
　　Des étapes de la vie de Jésus **37**

Chapitre 4
　　Tu peux parler à Dieu dans le secret de ton coeur **73**

Chapitre 5
　　Des moyens pour bien choisir **85**

Chapitre 6
　　Pâques, le printemps, la vie! **97**

Chapitre 7
　　Le baptême: une histoire d'amour **109**

Les découvertes de l'équipe des champions **118**

L'équipe des champions

Romika   Minh

... et toi!

Romika et Minh t'accompagneront tout au long de l'année dans tes découvertes et dans ta recherche.

Chapitre 1

Regarde autour de toi

> Notre projet de recherche: décrire ce qui, autour de nous, pourrait parler de la présence de Dieu.

Chers parents,

Cette année, on invitera votre enfant à entreprendre une grande recherche sur ce qui pourrait parler de la présence de Dieu. Toute la classe deviendra un groupe de recherche où les questions et les réponses relanceront les échanges et les discussions.

Dans ce premier chapitre, des activités permettent de développer la capacité d'émerveillement de votre enfant devant la beauté et la grandeur de la nature. Comme petite chercheuse ou petit chercheur, votre enfant découvrira ce qu'est un indice et prendra conscience que les chrétiens et les chrétiennes reconnaissent dans la Création deux grands indices de la présence de Dieu: la nature et l'amour entre les personnes.

Votre enfant réalisera que des humains croient en Dieu. Ils relèvent les manifestations de la présence d'un Dieu d'amour dans leur vie, alors que d'autres humains ne partagent pas cette conviction.

Afin d'aider votre enfant dans sa recherche, vous pouvez l'amener faire des promenades dans la nature et l'inviter à observer toutes ses beautés. Vous pouvez aussi lui parler des croyances et des convictions qui vous font vivre.

Je m'émerveille et je me questionne

Que veux-tu que je regarde?

Le fond du ciel. En vois-tu le bout?

De tout temps, des gens ont regardé le ciel et se sont posé des questions.

À quoi?

À quoi ces objets te font-ils penser?

un ballon

un chat

une auto

une étoile

un livre

des arbres

de la musique

un pupitre

un flocon de neige

une chambre

le soleil

À qui?

À qui ces objets te font-ils penser?

des balançoires

une église

des béquilles

un marteau

un ordinateur

un repas

un arbre de Noël

une locomotive

un bâton de hockey

un ourson en peluche

un traîneau

Qui est passé par là?

Trouve les indices qui t'indiquent qu'une personne est passée par ces endroits. Qui a bien pu faire ça?

Un indice, c'est un signe ou une trace laissée par une personne ou un animal. Attention! On n'est jamais certain de savoir qui a laissé cet indice.

Ma chambre

Avant

Après

Ma classe

Avant

Après

Où est Pollux?

Laisse-nous te présenter Mario et son chien Pollux.

Mario est une personne non voyante. Il a obtenu son premier chien-guide voilà trois semaines. Il l'appelle Pollux.

Partons à la recherche de Pollux. Découvrons des indices de son passage, de sa présence.
ÉPICERIE
ARRÊT

Fourrière

Le premier indice de la présence de Dieu : la nature

Qu'est-ce qu'il y a de beau dans ce dessin?

Qu'est-ce qui te fait penser à la présence de Dieu? Pourquoi?

le soleil

les oiseaux

l'arbre

la rivière

le rocher

11

Les êtres vivants sont capables de...

En plus d'être des indices de la présence de Dieu...

...les êtres vivants sont capables de faire de belles choses.

A

B

C

D

E

Et Dieu voit que cela est bon

Écoute ce récit de la Bible. Il parle de la Création.

Est-ce que je ferai de nouvelles découvertes?

Le premier jour, Dieu crée la lumière et la sépare de la noirceur.
Et Dieu voit que cela est bon.

Le deuxième jour,
Dieu crée le ciel,
les nuages et les océans.
Et Dieu voit que cela est bon.

Le troisième jour,
Dieu crée les continents
et fait pousser le gazon, les plantes
et les arbres fruitiers.
Et Dieu voit que cela est bon.

Le quatrième jour, Dieu crée le Soleil et la Lune pour éclairer la Terre.
Et Dieu voit que cela est bon.

Le cinquième jour, Dieu crée les oiseaux et les poissons.
Et Dieu voit que cela est bon.

Le sixième jour, Dieu crée les petits et les grands animaux. Il crée aussi les humains et leur demande de s'occuper de toute la Création, d'en prendre soin et de la respecter.
Et Dieu voit que cela est bon.

Le septième jour, Dieu se repose.

J'ai compris! Ceux qui ont écrit ce poème croyaient que Dieu était l'Auteur de tout cela.

Oui. Et encore aujourd'hui, des gens pensent que Dieu a créé tout cela. D'autres personnes ne partagent pas cette opinion.

Le deuxième indice de la présence de Dieu: l'amour

Les chrétiennes et les chrétiens reconnaissent la présence de Dieu dans l'amour.

Oui, par les paroles et les gestes des personnes qui nous entourent.

Dans quelles situations y a-t-il de l'amour?

Situation 1

Situation 2

Situation 3

Situation 4

Situation 5

Situation 6

Les paroles et les gestes des personnes qui s'aiment sont des indices de la présence de Dieu.

16

Des ressemblances et des différences

Dieu, plusieurs personnes y croient

Certaines personnes appellent Dieu: Allah, Yahvé, le Grand Manitou...

Il y a aussi des gens qui ne croient pas en Dieu ou qui ne savent pas que Dieu existe.

Ces lieux de prière sont fréquentés par des croyantes et des croyants de communautés différentes. Ceux-ci croient tous en Dieu, mais lui donnent un nom différent.

une mosquée

une église orthodoxe

une église catholique

une synagogue

une église anglicane

17

Mes découvertes

Hourra! Nous avons découvert deux indices importants qui peuvent faire penser à Dieu, à sa présence.

Déjà, nous formons une équipe extraordinaire!

Les beautés de la nature

L'amour entre les personnes

18

Chapitre 2

Des témoins de Dieu: le peuple hébreu

> Notre projet: raconter ce que les Hébreux ont compris de la présence de Dieu à l'occasion de leur sortie d'Égypte.

Chers parents,

Dans le chapitre précédent, votre enfant a découvert, dans son entourage, des indices qui pouvaient parler de la présence de Dieu. Mais cette recherche peut aussi être éclairée par des témoins qui ont reconnu la présence de Dieu dans leur vie. Ce chapitre en offre un exemple.

En effet, le peuple hébreu nous a légué un riche héritage. Dans son histoire, ce peuple a reconnu la présence de Dieu à l'occasion de sa sortie d'Égypte. À travers quelques passages et à l'aide de quelques images de l'Ancien Testament, votre enfant découvrira la présence d'un Dieu Amour agissant, un Dieu qui a le souci de ceux et celles qui vivent dans la misère et l'esclavage.

Afin d'aider votre enfant dans sa recherche, vous pouvez lui demander de vous raconter les récits entourant la sortie d'Égypte du peuple hébreu et les actions des principaux personnages.

Romika a beaucoup de souvenirs à raconter à Minh.

A — Regarde, Minh, dans mon album, on voit l'histoire de ma famille.

B — Regarde, Romika. La Bible raconte l'histoire d'amour entre Dieu et le peuple hébreu.

21

Écoute comment le peuple hébreu a découvert la présence de Dieu.

Un jour, pour éviter la famine, le peuple hébreu s'en va en Égypte.

Le peuple hébreu travaille très, très, très fort dans les champs et les chantiers de construction.

Le pharaon a peur que les Hébreux deviennent plus nombreux que les Égyptiens. Alors, il ordonne de jeter tous les bébés garçons hébreux dans le fleuve.

La mère de Moïse décide de cacher son bébé. Ayant peur qu'on le découvre, elle place Moïse dans une corbeille, sur le Nil.

Que s'est-il passé ensuite?

Moïse devient adulte. On lui apprend qu'il est hébreu. Il se rend compte de la misère de son peuple. Un jour, il voit un Égyptien qui frappe un Hébreu. En voulant le défendre, Moïse tue l'Égyptien. Il doit alors se sauver au pays de Madian.

Va voir à la page 35 le long trajet parcouru par Moïse pour se rendre à Madian.

25

Pendant ce temps, en Égypte, les Hébreux sont toujours traités très durement.
Ils prient Dieu de leur venir en aide.

Dieu, sauve-nous!

Moïse conduit ses moutons jusqu'au mont Sinaï. Tout à coup, il voit un buisson qui brûle, mais sans que celui-ci soit détruit par le feu. Il entend alors une voix qui l'appelle.

Moïse, Moïse, c'est moi, ton Dieu.

Dieu fait une promesse à Moïse.

Moïse, j'ai entendu les prières des Hébreux qui sont les esclaves des Égyptiens. Je veux les délivrer et les conduire vers un grand et beau pays. C'est toi que j'ai choisi pour les délivrer.
N'AIE PAS PEUR.
JE SERAI TOUJOURS AVEC TOI.

Moïse retourne en Égypte où il réussit à convaincre le pharaon de laisser partir les Hébreux.

Tous, hommes, femmes et enfants, partent avec le peu de biens qu'ils possèdent.

Mais, plus tard, le pharaon change d'idée. Il ne veut plus laisser partir le peuple hébreu.

Les soldats égyptiens poursuivent les Hébreux qui arrivent à la mer Rouge. Moïse les rassure en leur disant: «Ne vous inquiétez pas. Dieu est bon. Il va nous aider. Dieu est avec nous.» Dieu dit à Moïse: «Étends la main.» Un vent fort se lève et ouvre un passage entre les eaux.

C'est la Pâque: le passage que Dieu a ouvert pour les sauver.

Les Hébreux traversent à pied sec. Mais lorsque les soldats égyptiens tentent d'en faire autant, la mer les engloutit.

Que se passe-t-il ensuite?

Le peuple hébreu est très heureux:
Dieu l'a sauvé, Dieu l'a libéré.
La mer Rouge est traversée.
Le peuple hébreu remercie Dieu.
Merci, Dieu de bonté!
Est-ce que Dieu aide encore les gens?
Oui. Écoute l'histoire de saint Vincent de Paul.

Saint Vincent de Paul, un témoin de l'amour de Dieu

Saint Vincent de Paul s'est occupé des gens qui étaient dans la misère. Il a manifesté l'amour de Dieu tout comme Moïse l'avait fait pour le peuple hébreu.

Vincent et les Filles de la Charité donnent de la soupe aux gens pauvres qui ont faim.

Vincent recueille les enfants abandonnés.

Toi, connais-tu des personnes qui ressemblent à Moïse et à saint Vincent de Paul?

Mes découvertes

Mets les morceaux de l'histoire dans l'ordre et raconte l'histoire de la sortie d'Égypte du peuple hébreu.

A

B

C

D

E

F

34

Les voyages de Moïse et du peuple hébreu

— trajet de Moïse
— trajet du peuple hébreu

ÉGYPTE

Nazareth

Bethléem

Sinaï

Madian

mer Rouge

35

Chapitre 3

Des étapes de la vie de Jésus

Notre projet est de redire une conviction que les chrétiennes et les chrétiens manifestent à Noël: Jésus est l'Emmanuel.

Savais-tu qu'Emmanuel signifie «Dieu avec nous»?

Chers parents,

Dans les prochaines semaines, nous allons approfondir avec votre enfant le sens véritable de la fête de Noël. Nous allons essayer de comprendre pourquoi tant de chrétiennes et de chrétiens célèbrent la naissance de Jésus. Car, nous le savons tous, cette fête signifie bien plus que des vacances et des cadeaux.

Au cours de ce chapitre, votre enfant exprimera ses émotions par rapport au récit de la naissance de Jésus. Elle ou il commencera à acquérir des connaissances sur la prière chrétienne en reconnaissant la salutation de l'ange à Marie, une prière que les catholiques récitent encore aujourd'hui: le «Je vous salue Marie».

Afin de soutenir votre enfant dans sa recherche, vous pouvez l'aider à fabriquer une crèche à la maison. Vous pouvez échanger sur ses connaissances des événements entourant la naissance de Jésus. Pour l'accompagner dans ses premiers pas vers l'apprentissage d'une prière chrétienne, vous pouvez réciter ensemble le début du «Je vous salue Marie».

Partons à la recherche de Jésus!

— Est-ce que nous pouvons aller interroger Jésus?

— Jésus a vécu sur la terre, il y a très, très, très longtemps.

— Dans ce cas, comment vais-je faire pour découvrir la vie de Jésus?

— Nous pouvons consulter la Bible.

— Comme nous l'avons fait pour le poème de la Création et l'histoire du peuple hébreu?

— Oui. Commençons notre recherche.

— Petits chercheurs, petites chercheuses, allons-y!

39

Entre Jésus et toi

Jésus

Il y a beaucoup de gens qui sont nés, qui ont grandi et qui sont morts entre la naissance de Jésus et la tienne!

40

toi

41

La vie au temps de Jésus

Au temps de Jésus, il y avait...

des familles

des prêtres et des grands-prêtres

des soldats

42

des lépreux

des bergers

des pêcheurs

des artisans

des agriculteurs

L'attente de l'Emmanuel

Un jour, longtemps avant que Jésus vienne au monde, Isaïe, le prophète, dit au roi hébreu Achaz: «La jeune femme aura un fils et on lui donnera le nom d'Emmanuel, ce qui veut dire *Dieu avec nous*.»

Le peuple hébreu se mit à attendre l'Emmanuel.

L'annonce de l'ange

Plus de 700 ans après l'annonce faite par le prophète Isaïe…

> Je te salue, Marie, pleine de grâce, le Seigneur est avec toi. Dieu t'a choisie, tu auras un enfant de Lui. Tu l'appelleras Jésus.

Joseph, l'enfant que Marie attend vient de Dieu, de l'Esprit saint. C'est un garçon et tu l'appelleras Jésus.
Notre Jésus, ce sera lui l'Emmanuel promis par Isaïe.

Le voyage

Quelques mois plus tard, juste avant la naissance de Jésus...

Courage, Marie, nous arrivons.

J'ai peur ! Je ne veux pas accoucher pendant le voyage.

Pourquoi Joseph et Marie ont-ils quitté leur village ?

Pour faire inscrire leur nom dans un grand livre.

La naissance de Jésus

Marie et Joseph arrivent enfin à Bethléem. Marie donne naissance à Jésus dans une étable. Elle l'enveloppe dans de petits langes.

On appelle une crèche l'endroit où Jésus est né.

À l'annonce de l'ange, des bergers rendent visite à Jésus. Ils ont vu l'Emmanuel couché dans la mangeoire des animaux.

Les crèches dans le monde

Savais-tu que les chrétiennes et les chrétiens de tous les temps et de tous les pays ont fait des crèches pour illustrer et se souvenir de la naissance de Jésus?

Nous avons vu que Jésus est né dans une crèche...

Une crèche faite au Malawi

Une crèche amérindienne

Mais où sont l'âne et le boeuf?

Une crèche faite en Asie (Corée)

Une crèche faite au Canada

Les personnages ont l'air presque vivants!

Une crèche faite au Chili

As-tu déjà vu une crèche?

51

Mes découvertes

La fête de Noël rappelle la naissance de Jésus.

> Les chrétiennes et les chrétiens catholiques croient que la naissance de Jésus a été annoncée dans la Bible par le prophète Isaïe bien avant que Jésus vienne au monde.

> Les chrétiennes et les chrétiens croient que Jésus est l'Emmanuel. L'Emmanuel veut dire: «Dieu avec nous».

Joyeux Noël

Sretan Božić

Vesele Vianoce

Merry Christmas

Feliz Navidad

BUON NATALE

ΚΑΛΑ ΧΡΙΣΤΟΥΓΕΝΝΑ

Frohe Weihnachten

52

Nous allons te raconter comment les disciples ont reconnu la présence de Dieu dans les principaux événements de la vie de Jésus.

J'ai hâte de connaître la vie de Jésus! Et toi?

Chers parents,

Dans la première partie de ce chapitre, votre enfant a découvert tout le sens que prend la fête de Noël pour les chrétiens et les chrétiennes.

À la lumière de la vie de Jésus, votre enfant prendra maintenant conscience que Jésus fait connaître Dieu comme personne ne peut le faire. Il révèle un Dieu Père, plein de bonté, qui se fait proche des enfants, des malades et des personnes rejetées. Grâce à des activités variées, votre enfant va apprendre à raconter comment les disciples de Jésus ont reconnu la présence de Dieu dans les différents événements de la vie de Jésus.

Désormais, votre enfant pourra s'apercevoir que les chrétiens et les chrétiennes se laissent guider par les attitudes de Jésus dans leur relation avec les autres.

Afin d'aider votre enfant dans sa recherche, vous pouvez lui demander de vous raconter les événements de la vie de Jésus et ce qu'elle ou il en a compris. Vous pouvez lui raconter la vie de personnes qui se sont engagées à la suite de Jésus. La vie de certains témoins d'aujourd'hui saura susciter son intérêt.

La vie de Jésus

Jésus au temple

À l'âge de 12 ans, Jésus se rend au temple de Jérusalem. Il parle de la Bible, de la vie et de Dieu. Jésus appelle Dieu du nom de «Père». Il répond avec beaucoup de sagesse aux grands-prêtres du temple qui l'interrogent sur Dieu.

Jésus se choisit des disciples

Jésus est maintenant adulte.

Jésus se choisit des disciples pour leur parler de Dieu, son Père. Parmi ses disciples, il y a des pêcheurs. Certains d'entre eux nous ont raconté sa vie.

Jésus fait des miracles

Ici, tu vois, Jésus est en train de guérir un lépreux.

Jésus, par ses miracles, veut montrer la présence de Dieu.

Pierre reconnaît Jésus

Jésus fait des miracles. Il parle avec beaucoup de sagesse et de bonté. Un de ses disciples, Pierre, lui dit: «C'est toi le Messie, le Fils du Dieu vivant!»

Jésus et les enfants

Jésus accueille les enfants. Il les bénit. Il veut montrer à ses disciples que les enfants sont importants.

Jésus et Zachée

Personne ne parle à Zachée,
car il est percepteur d'impôts.
Mais Jésus lui parle.

Il va même dîner chez Zachée.
Jésus aime tout le monde.

Jésus raconte des paraboles

Une parabole, c'est une histoire.

Jésus raconte des paraboles pour parler de Dieu.
Ces histoires nous aident à comprendre qui est Dieu.
Ici, Jésus raconte la parabole de la brebis perdue.

60

Jésus et la nature

Jésus se sert aussi des oiseaux et des lys des champs pour dire que Dieu est un père qui prend soin de ses enfants.

Jésus parle à ses disciples

Dans ses paroles de sagesse, Jésus dit à ses disciples:

«Aime tout le monde, même ceux ou celles qui te veulent du mal.

Si tu veux devenir le chef, ce sera pour rendre service aux autres.

Accueille les gens qui sont différents de toi.»

Jésus et les grands-prêtres

Ce n'est pas tout le monde qui aime la façon dont Jésus parle de Dieu.

Les grands-prêtres se disent: «Ce Jésus, les gens l'écoutent trop. Il nous enlève du pouvoir. Et puis, il insulte notre religion et se prend pour Dieu. Il faut qu'il meure pour que les choses redeviennent comme avant!»

Jésus parle à son Père

Le soir avant sa mort, Jésus a beaucoup prié en parlant dans son coeur à Dieu, son Père. Il lui a sûrement demandé d'avoir le courage d'aller jusqu'au bout.

Jésus meurt

Jésus meurt sur une croix. Tous ses disciples sont tristes.

Jésus et le centurion romain

Même un centurion romain dit que Jésus est le Fils de Dieu.

Jésus est mort

Après la mort de Jésus, on a détaché son corps de la croix. On l'a lavé, puis enveloppé dans un linge appelé «linceul». Comme on le faisait en ces temps-là, on a placé le corps de Jésus dans un tombeau taillé dans le roc. On l'a ensuite fermé avec une grosse pierre.

Jésus est ressuscité

Deux jours plus tard, Pierre et Jean se rendent à son tombeau et le trouvent vide. La grosse pierre qui le fermait a été déplacée. Jean s'aperçoit que Jésus est ressuscité.

Jésus ressuscité et Marie-Madeleine

Jésus ressuscité rencontre son amie Marie-Madeleine et lui annonce qu'il va retourner vers Dieu.

Ne me retiens pas.

Où est Jésus?

Trouve Jésus à six endroits différents.

70

71

Chapitre 4

Tu peux parler à Dieu dans le secret de ton coeur

> Dans ta vie, est-ce qu'il t'arrive d'avoir des moments de silence, de réflexion?

Chers parents,

Au cours de ce chapitre, on invitera votre enfant à vivre un temps fort d'intériorité, grâce à des activités qui lui permettront d'apprivoiser le silence, de porter attention à sa vie intérieure et de goûter aux bienfaits de s'arrêter pour regarder les événements de sa vie.

À la suite de David, Marie et Jésus, votre enfant découvrira la dimension chrétienne de l'intériorité. Une autre découverte à sa recherche: c'est dans le silence et le calme que la présence de Dieu se laisse pressentir. Toujours dans le développement de sa compétence relative à l'intériorité, votre enfant acquerra des connaissances sur la prière chrétienne et deviendra habile à reconnaître les paroles du «Notre Père». Votre enfant apprendra aussi que David a composé des psaumes, des prières qui parlent de la présence de Dieu, et prendra conscience que c'est dans le recueillement que les chrétiennes et les chrétiens, comme Jésus, parlent à Dieu. C'est aussi dans la prière que Dieu parle, écoute, console et donne la force de vivre les événements.

Pour aider votre enfant à grandir dans sa vie intérieure, vous pouvez l'aider à se recueillir à la fin de la journée ou à un moment propice et goûter ensemble à un instant de silence ou de prière.

Antoine avait peur du silence

Antoine n'aime pas le silence. Il ressent comme un grand vide. Il a peur. Antoine veut échapper au silence.

Il allume la télévision ou la radio.

Il se promène avec son baladeur.

Il tambourine sur son bureau à l'école.

Un jour, l'enseignante leur parle du silence.

Le silence est notre meilleur ami.

Le silence nous fait entrer dans le secret de notre coeur.

75

Tout au long du chemin qui le ramène à la maison,
la même question lui trotte dans la tête.

Comment devenir un ami du silence?

En entrant chez lui, il trouve sa mère plongée dans le silence.

Maman, maman est-ce que tu dors?

Je ne dors pas Antoine. J'aime bien être dans le silence de temps en temps: cela me permet de penser et de réfléchir.

Antoine s'en va dans sa chambre.
Il se laisse tomber sur son lit.
Il ferme les yeux.
Il veut rencontrer le silence.

Après le souper, Antoine va retrouver son père. Il est assis. Il se tient la tête.

Papa, papa, est-ce que tu pleures?

Je ne pleure pas. Je réfléchis. Je parle à Dieu dans le silence de mon coeur.

Antoine demande aux gens autour de lui s'ils rencontrent le silence.

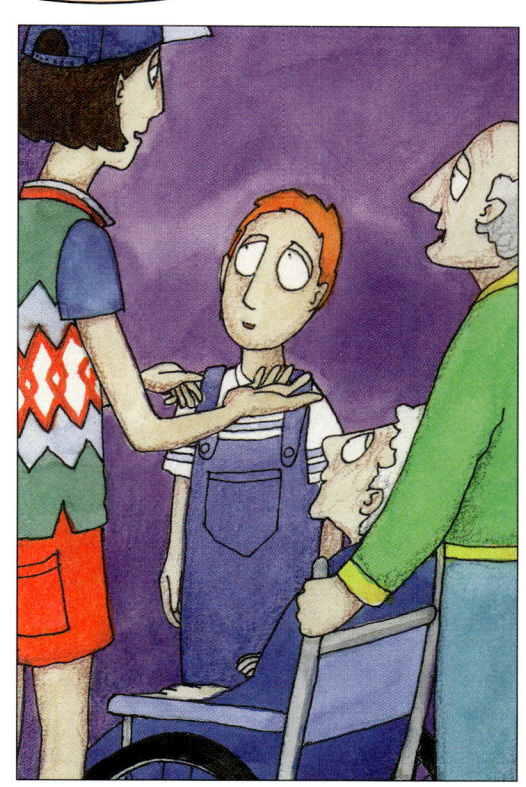

Plonger dans son monde intérieur

Parmi ces personnes, lesquelles semblent plongées dans leur monde intérieur?

Crois-tu que la posture est importante pour faire silence, réfléchir et se recueillir?

Dans le secret de son coeur, on peut parler à Dieu

Dans le coeur de Marie

Marie, elle aussi, cherche à comprendre. Elle réfléchit et garde des évènements dans son coeur.

Marie cherche dans son coeur le sens du message que l'ange vient de lui annoncer.

Marie réfléchit aux paroles de son fils qui appelle Dieu «Mon Père».

Le «Notre Père», une prière qui vient du coeur

> Jésus aussi priait et montrait à prier. Ici, il enseigne une prière à ses disciples venus l'écouter.

1. Notre Père, qui es aux cieux,
2. Que ton nom soit sanctifié, que ton règne vienne,
3. Que ta volonté soit faite sur la terre comme au ciel.
4. Donne-nous aujourd'hui notre pain de ce jour.
5. Pardonne-nous nos offenses comme nous pardonnons aussi à ceux qui nous ont offensés.
6. Et ne nous soumets pas à la tentation, mais délivre-nous du Mal.

> Dieu est un Père plein d'amour. Il veut que nous soyons ses enfants.

> Il veut que nous soyons heureux, que nous ne manquions de rien.

David écrit des psaumes pour Dieu

David est un berger,
tout comme Moïse.

David est humble.
Il aime Dieu.

Dieu voit dans les coeurs.
Il choisit David
pour devenir roi
du peuple juif.

David compose
des poèmes-prières
pour Dieu.
On les appelle des psaumes.

Les chrétiennes
et les chrétiens
d'aujourd'hui
les chantent encore.

Dans les psaumes, on donne de nombreux noms à Dieu.

Le Seigneur est mon **rocher**.
Il est mon château fort.
Avec Lui, je suis presque inébranlable.

Le Seigneur est ma **lumière**.
Avec Lui, je ne tremble pas.
Je ne crains rien. Il me sauve.

Je demande à Dieu
une seule chose:
habiter sa **maison**
tous les jours de ma vie
et goûter sa douceur.

Que veut dire David quand il compare Dieu à un rocher, à un château fort et à une lumière?

Comment prier?

Jésus prie et enseigne à ses disciples à se retirer pour prier.

Toi aussi, tu peux parler à Dieu dans ton coeur. T'arrive-t-il de réfléchir et de prier?

83

Mes découvertes

Regarde Minh, j'ai noté mes découvertes.

Moi aussi. J'ai appris des choses importantes.

- Je connais des façons de faire silence pour entrer dans ma vie intérieure.
- Jésus, Marie et David savaient rencontrer Dieu dans le secret de leur coeur.
- Dans la prière, Dieu parle, écoute et console. Dieu donne la force de vivre les moments difficiles.

- C'est dans le secret du coeur que l'on peut parler à Dieu.
- David a composé des psaumes qui parlent de la présence de Dieu comme
  – une lumière,
  – un rocher,
  – un château fort ou une maison.
- Les chrétiennes et les chrétiens d'aujourd'hui récitent ou chantent les prières de David.
- Je suis capable de reconnaître les paroles du «Notre Père».
  C'est la prière que Jésus a enseignée à ses disciples.

Et toi, petite chercheuse ou petit chercheur, quelle est la découverte la plus importante que tu as faite?

84

Chapitre 5

Des moyens pour bien choisir

Chers parents,

L'objectif de ce chapitre est de permettre à votre enfant de vivre un premier temps de réflexion morale au coeur de sa grande recherche de l'année, soit la recherche de la présence de Dieu. Dieu est présent aux personnes qui ont des décisions morales à prendre; les gestes et les paroles de Jésus inspirent les choix ainsi que les décisions des chrétiennes et des chrétiens.

Différentes activités d'apprentissage permettront à votre enfant de reconnaître que l'être humain a la faculté de réfléchir avant d'agir, de se demander si une action est bonne pour lui et pour les autres. Votre enfant utilisera une démarche de discernement moral et découvrira qu'il existe des moyens simples qui facilitent la réflexion. Tous les humains utilisent certains de ces moyens, alors que d'autres sont propres aux chrétiennes et aux chrétiens.

Votre enfant fera la connaissance d'un autre grand personnage biblique, le roi Salomon, qui a toujours été reconnu comme un modèle de Sagesse. Salomon priait Dieu et réfléchissait; il demandait à Dieu de l'éclairer dans ses décisions.

Pour aider votre enfant dans sa recherche au sujet des décisions à prendre dans les diverses situations de sa vie, vous pouvez réfléchir ensemble aux questions suivantes.

- Qu'est-ce qui arrive?
- Que pourrais-tu faire qui soit bon pour toi et aussi pour les autres?
- Qu'est-ce que tu crois que je te dirais si tu me demandais mon avis?
- Que ferait Jésus s'il était à ta place?
- Pourquoi crois-tu que Jésus ferait cela?

Je choisis, tu choisis, il choisit...

— Ce n'est pas toujours facile de savoir comment choisir.

— C'est facile, Minh! On choisit ce qui nous plaît!

— Puis les autres dans tout cela?

— Les autres... euh!

— Je me demande si les grandes personnes savent toujours comment faire le bon choix.

— Jésus, lui, pensait aux autres dans le choix de ses gestes et de ses paroles.

Allons faire une petite recherche à ce sujet.

Des choix de tous les jours

Des choix qui me concernent

① Je reste au lit ou je me lève tout de suite?

② Je mange des céréales ou des rôties?

③ Je me brosse les dents ou je fais semblant?

Des choix qui touchent les autres

1

Je ramasse la boîte de conserve ou je laisse la boîte par terre?

2

Je regarde la télévision ou je range la vaisselle?

3

Je continue de lire ou je vais me coucher?

Sais-tu qu'il y a des moyens qui nous aident à prendre de bonnes décisions?

Réfléchir avant de choisir

Ma responsabilité

Marc regarde son émission de télévision préférée.

Son chien Apollo veut aller dehors. Il attend.

Apollo n'est pas sorti de la journée.

Selon toi, que devrait faire Marc? Pourquoi?

1 **Marc regarde la situation.**

Marc a le goût de regarder son émission préférée. Son chien a besoin de sortir. Marc se demande quoi faire.

2 **Marc se demande quels sont ses choix.**

Sortir avec mon chien.

Ne pas sortir.

Et toi, que ferais-tu à la place de Marc?

3 **Marc décide.**

J'ai réfléchi. Je sais ce que je vais faire.

Si…  Mon chien sera bien. Et moi…

Si… Mon chien ne sera pas bien. Et moi…

Une promesse

La mère d'Alex est à l'hôpital.
Alex lui a promis d'aller la visiter ce soir.
Il a oublié qu'il devait aller au centre sportif avec ses amis.
Selon toi, que devrait faire Alex? Pourquoi?

1 **Alex regarde la situation.**

Alex a promis à sa mère d'aller la visiter.
Elle se fait opérer demain.
Elle a besoin de réconfort.
Alex se demande quoi faire.

2 **Alex se demande quels sont ses choix.**

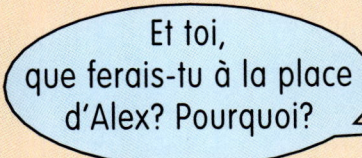

Aller visiter ma mère.

Aller au centre sportif avec mes amis.

Et toi, que ferais-tu à la place d'Alex? Pourquoi?

3 **Alex décide.**

J'ai réfléchi. Je sais ce que je vais faire.

Si… Ma mère sera heureuse. Et moi…

Si… Ma mère sera triste. Et moi…

Un conseil

Lucie a emprunté le baladeur de son amie. En rentrant chez elle, le baladeur est tombé sur le trottoir. Lucie s'empresse d'écouter si le baladeur fonctionne. Rien, pas un son! Lucie ne voulait pas briser le baladeur de son amie.

Selon toi, que devrait faire Lucie? Pourquoi?

1 Lucie regarde la situation.

Le baladeur ne fonctionne plus. Lucie ne l'a pas fait exprès. Le baladeur de son amie n'a pas l'air brisé.
Lucie se demande quoi faire.

2 Lucie se demande quels sont ses choix. Elle demande conseil à son père.

J'avoue ma maladresse à mon amie.

Je remets le baladeur à mon amie sans rien dire.

Et toi, que ferais-tu à la place de Lucie? Pourquoi?

3 Lucie décide.

J'ai demandé conseil à mon père. J'ai réfléchi. Je sais ce que je vais faire.

Si…  Mon amie aura de la peine. Elle comprendra ma maladresse. Et moi…

Si… Mon amie n'aura plus confiance en moi. Et moi…

92

Grandir en sagesse

La sagesse du roi Salomon

Pour prendre la bonne décision, il faut beaucoup de sagesse.

Dans la prière, on peut demander l'aide de Dieu. Regarde ce que fait Salomon.

Salomon, je suis ton Dieu. Dis-moi ce que je peux te donner.

Donne-moi la sagesse pour que je sois un bon roi pour mon peuple.

Que ferait Jésus à ma place?

Tous les soirs, Caroline joue au hockey avec ses camarades. Elle choisit toujours les meilleurs joueurs. Depuis trois jours, François, un nouveau voisin, les regarde jouer. Personne ne l'invite à faire partie de son équipe. François est triste.

Selon toi, que devrait faire Caroline? Pourquoi?

Et toi, que ferais-tu à sa place? Pourquoi?

1 **Caroline regarde la situation.**

Caroline a déjà choisi ses joueurs.

Elle sait que François n'est jamais choisi.

Caroline se demande quoi faire.

2 **Caroline se demande quels sont ses choix. Que ferait Jésus à sa place?**

Choisir François dans mon équipe.

Ne pas choisir François.

3 **Caroline décide.**

J'ai réfléchi. Je sais ce que je vais faire.

Si… François sera heureux. Et moi…

Si… François sera malheureux. Et moi…

Mes découvertes

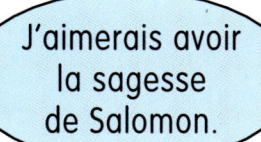

J'aimerais avoir la sagesse de Salomon.

Je connais des moyens pour prendre de bonnes décisions.

- Tous les humains réfléchissent pour prendre de bonnes décisions.
- Ils peuvent aussi demander conseil.
- Dieu est présent aux personnes qui ont des décisions à prendre.
- Les chrétiennes et les chrétiens peuvent prier et demander de l'aide à Dieu pour agir pour leur bien et celui des autres.
  - Les chrétiennes et les chrétiens peuvent se demander: «Que ferait Jésus à ma place?»

Chapitre 6

Pâques, le printemps, la vie!

Savais-tu que Jésus ressuscité est présent aujourd'hui pour les chrétiennes et les chrétiens?

Chers parents,

Pâques s'en vient à grands pas, ce qui annonce l'arrivée du printemps. Longtemps avant le judaïsme et le christianisme, des fêtes se déroulaient toujours au printemps, mais symbolisaient la renaissance périodique de la nature.

Ici, au Québec, des réjouissances familiales entourent cette fête. Les enfants reçoivent souvent des cadeaux, comme des oeufs et des animaux en chocolat.

Mais pour les chrétiennes et les chrétiens, Pâques signifie plus que la fête du retour de la nature à la vie. La fête de Pâques rappelle d'abord aux chrétiennes et aux chrétiens que Jésus ressuscité est passé de la mort à la vie et qu'il est avec nous pour toujours, jusqu'à la fin du monde.

Dans les prochaines semaines, votre enfant aura l'occasion de découvrir cette conviction de la présence de Jésus ressuscité et prendra connaissance des récits bibliques entourant la résurrection. Ce chapitre l'initiera également aux symboles qui expriment cette conviction: le cierge pascal, l'Alléluia et le dimanche, jour privilégié pour célébrer Jésus ressuscité dans l'eucharistie.

Votre enfant découvrira Pops, un chrétien qui manifeste la présence de Jésus parmi nous en s'engageant sur la voie tracée par Jésus et en aidant son prochain dans sa vie de tous les jours.

Pour aider votre enfant à la maison, vous pouvez lui demander de vous raconter les récits bibliques qui entourent la fête de Pâques et l'inviter à assister à l'une ou l'autre des belles célébrations qui se vivent dans votre paroisse à cette occasion.

La résurrection de Jésus

Jésus apparaît aux deux Marie

Te souviens-tu du récit de la résurrection de Jésus?

Le dimanche matin, le troisième jour après la mort de Jésus, Marie-Madeleine et Marie, deux de ses disciples, se rendent au tombeau. Un ange leur parle.

Les deux Marie quittent le tombeau avec grande joie. Elles courent annoncer la Nouvelle. Jésus vient à leur rencontre.

Elles le reconnaissent et s'agenouillent devant lui.

Dites à mes disciples de venir me retrouver en Galilée.

Quel jour Jésus est-il ressuscité?

Comprends-tu maintenant pourquoi les chrétiennes et les chrétiens vont à l'église le dimanche?

100

Jésus apparaît à ses disciples

Quelques jours plus tard, Jésus apparaît à ses disciples.

Je suis avec vous tous les jours, jusqu'à la fin du monde.

Alléluia! Jésus est ressuscité!

Alléluia dit la joie que donne la présence de Jésus ressuscité. C'est un merci spécial à Dieu.

Le dimanche de Pâques, à l'église, les chrétiennes et les chrétiens chantent l'Alléluia.

Jésus apparaît aux disciples d'Emmaüs

Un peu plus tard, le même jour, deux disciples de Jésus retournent chez eux à la ville d'Emmaüs. Ils sont tristes et déçus. Ils parlent de ce qui est arrivé à Jésus.

Jésus vient à leur rencontre sur la route. Les disciples ne le reconnaissent pas.

Le soir venu, arrivés au village d'Emmaüs, les disciples invitent Jésus à rester avec eux pour le repas. Jésus s'assoit à la table avec eux, bénit le pain, le sépare et en donne aux deux disciples.

C'est à ce moment que les disciples d'Emmaüs reconnaissent Jésus.

Jésus disparaît aussitôt! Alors les disciples courent tout de suite annoncer aux autres disciples de Jésus qu'ils l'ont vu.

Jésus ressuscité présent parmi nous

Le dimanche à l'église

Le dimanche est le jour de la résurrection. Les chrétiennes et les chrétiens vont à l'église pour célébrer Jésus présent parmi nous.

> De nos jours, le dimanche, les chrétiennes et les chrétiens vont à l'église pour célébrer la résurrection de Jésus et partager le pain de vie entre eux.

> Le cierge pascal représente Jésus ressuscité.

La Pâque du peuple juif

De nos jours, le peuple juif fête la Pâque en souvenir de la sortie d'Égypte de ses ancêtres.

Au temps de Jésus, le peuple juif célébrait déjà la Pâque, car il fêtait la sortie d'Égypte de ses ancêtres et sa libération de l'esclavage.

La caravane du bon Dieu dans la rue

> Des chrétiennes et des chrétiens d'aujourd'hui montrent la présence de Jésus dans le monde. Ils donnent de l'amour aux autres, en les aidant, en faisant comme Jésus.

Emmet Johns, un prêtre appelé «Pops», vit à Montréal. La nuit, il conduit sa roulotte dans les rues. Il y accueille tous les jeunes qui sont dans la rue et qui n'ont pas de maison.

> Dans les gestes et les paroles de Pops, les jeunes découvrent l'amour de Dieu.

106

Des chrétiennes et des chrétiens agissent

Dieu se fait présent dans les gestes de ces personnes.

107

Mes découvertes

La fête de Pâques, je la connais

Jésus ressuscité est présent parmi nous...

... tous les jours, jusqu'à la fin du monde.

Le cierge pascal représente Jésus ressuscité.

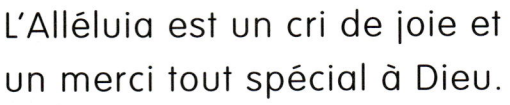

L'Alléluia est un cri de joie et un merci tout spécial à Dieu.

Le dimanche, les chrétiennes et les chrétiens célèbrent Jésus ressuscité.

Le peuple juif fête la Pâque en souvenir de la sortie d'Égypte de ses ancêtres.

Chapitre 7

Le baptême: une histoire d'amour

Chers parents,

Le chapitre sur la fête de Pâques constituait une initiation à des symboles chrétiens. Votre enfant connaît maintenant ce que le cierge pascal, l'Alléluia et le dimanche nous disent de la foi chrétienne. Cette fois-ci, l'essentiel de ses découvertes porteront sur les symboles et les rites du baptême qui expriment la présence aimante de Dieu.

Grâce au pouvoir évocateur de l'eau, du cierge pascal, du signe de la croix tracé sur le front de la personne que l'on baptise et la présence du parrain, de la marraine, de la famille, des amies et des amis, votre enfant découvrira des convictions de foi catholique et sera capable de les énoncer: Dieu est présent dans l'histoire de chaque chrétienne et de chaque chrétien. Cette présence se manifeste de façon toute spéciale au baptême. Les personnes que l'on baptise commencent une vie nouvelle: elles sont habitées par l'Esprit saint. Le baptême marque l'entrée dans l'Église, dans la grande famille des enfants qui connaissent Jésus ressuscité.

Dans sa recherche, votre enfant prendra davantage conscience de la façon dont s'exprime la relation des chrétiennes et des chrétiens avec leur Dieu.

Pour l'aider dans sa recherche, vous pouvez lui parler du jour de son baptême, mettre à sa disposition des souvenirs que vous avez conservés: des photos, une bande vidéo, un album, etc. Puisque votre enfant était probablement bébé lors de cet événement, votre témoignage sera une façon de lui donner accès à cette bonne nouvelle de la présence aimante de Dieu dans sa vie. Si votre enfant n'a pas reçu le sacrement du baptême, expliquez-lui tout simplement pourquoi vous avez reporté ce choix à plus tard.

Des souvenirs de la présence aimante de Dieu

Dieu a aimé d'autres personnes avant nous. T'en souviens-tu?

① ② ③ ④

111

L'eau, la lumière et le feu dans la vie de tous les jours...

Qu'est-ce que l'eau, la lumière et le feu apportent à la vie?

L'eau

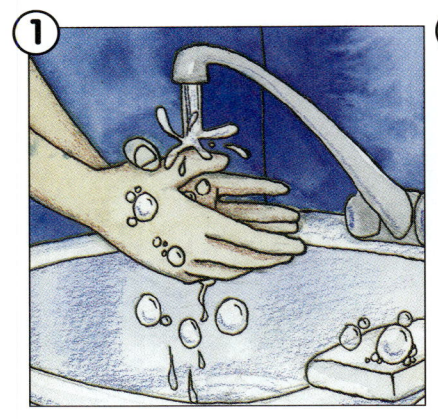

1. L'eau rend propre.

2. L'eau désaltère.

3. L'eau fait vivre les plantes.

La lumière et le feu

4. La lumière éclaire.

5. La lumière guide.

6. Le feu réchauffe.

Le langage des signes et des symboles

Est-ce qu'un signe peut nous parler?

Oui. Regarde ces signes qu'on utilise ou qu'on voit tous les jours.

Des signes, j'en vois tous les jours.

① Un signe de la main

② Un signe sur la route

③ Un signe de présence

Sais-tu ce qu'est un symbole?

Oui. Un symbole est un langage qui nous fait comprendre quelque chose de très important.

Des symboles, j'en connais.

④ Le cierge pascal: un symbole de Jésus ressuscité, présent parmi nous.

⑤ La croix: le symbole des chrétiennes et des chrétiens.

⑥ Le coeur: un symbole d'amour.

Le baptême de Marie-Lou

1 «Regarde Minh. Le prêtre et les invités sont déjà là.»

2 «Aujourd'hui, nous sommes réunis pour le baptême de Marie-Lou. Marie-Lou, je t'accueille au nom de Dieu.»

3 «Écoutons ensemble la Parole de Dieu. Elle nous dit que Dieu est présent à notre histoire.»

4 «Marie-Lou, je te baptise au nom du Père, du Fils et du Saint-Esprit.»

5 «Comme cette huile imprègne ta peau, que l'Esprit de Jésus-Christ demeure en toi pour toujours. Je te marque du signe de la croix.»

6 «Que cette lumière te guide chaque jour.»

7 «Notre Père, qui es aux cieux...»

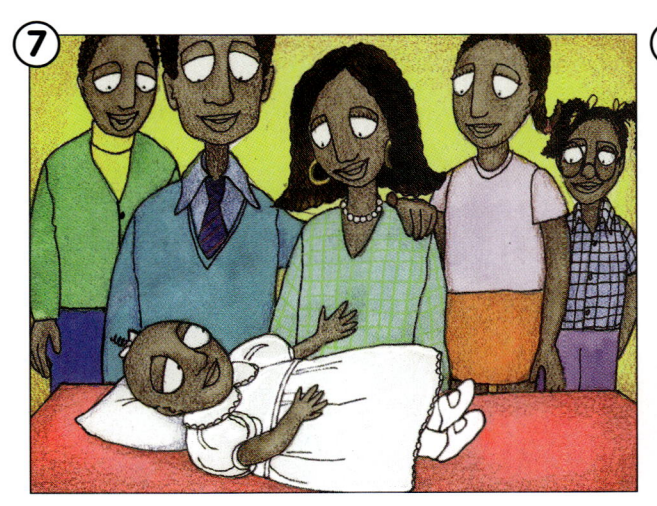

8 «Aujourd'hui, Marie-Lou commence sa vie de chrétienne. Je vous bénis, au nom du Père, du Fils et du Saint-Esprit.»

Les symboles du baptême

Connais-tu les symboles importants du baptême?

Oui! Regarde bien les quatre illustrations.

① De l'eau

② Le cierge pascal

③ Le signe de la croix

④ Les personnes invitées au baptême

Mes découvertes

Dieu est présent dans l'histoire de chaque chrétienne et de chaque chrétien.

L'eau est un symbole de vie et de mort.

Le cierge pascal est un symbole de Jésus ressuscité, présent aujourd'hui dans la vie des chrétiennes et des chrétiens.

Les personnes forment la famille des enfants de Dieu. Elles expriment et manifestent la présence de Dieu.

Le signe de la croix est un symbole de l'amour de Dieu.

Dieu manifeste sa présence aimante d'une façon toute spéciale au baptême.

Le baptême, c'est l'entrée dans l'Église, dans la grande famille des enfants qui connaissent Jésus ressuscité.

L'Esprit saint est le nom que l'on donne à Dieu quand Il est présent dans le coeur d'une personne.

Les découvertes de l'équipe des champions

Tout au long de l'année, tu as fait des découvertes.
Tu as maintenant terminé ta recherche sur la présence de Dieu.
Retournons ensemble sur le chemin de tes découvertes.

Chapitre 1

Regarde autour de toi
(page 18)

Mes découvertes

Hourra! Nous avons découvert deux indices importants qui peuvent faire penser à Dieu, à sa présence.

Déjà, nous formons une équipe extraordinaire!

Les beautés de la nature

L'amour entre les personnes

Mes découvertes

Mets les morceaux de l'histoire dans l'ordre et raconte l'histoire de la sortie d'Égypte du peuple hébreu.

A B C D E F

Chapitre 2

Des témoins de Dieu:
le peuple hébreu
(page 34)

119

Chapitre 3

Des étapes de la vie de Jésus
(page 52 et 70)

Mes découvertes

La fête de Noël rappelle la naissance de Jésus.

Les chrétiennes et les chrétiens catholiques croient que la naissance de Jésus a été annoncée dans la Bible par le prophète Isaïe bien avant que Jésus vienne au monde.

Les chrétiennes et les chrétiens croient que Jésus est l'Emmanuel. L'Emmanuel veut dire: «Dieu avec nous».

Joyeux Noël
Sretan Božić
Vesele Vianoce
ΚΑΛΑ ΧΡΙΣΤΟΥΓΕΝΝΑ
BUON NATALE
Merry Christmas
Feliz Navidad
Frohe Weihnachten

Où est Jésus?

Trouve Jésus à six endroits différents.

Chapitre 4

Tu peux parler à Dieu dans le secret de ton coeur
(page 84)

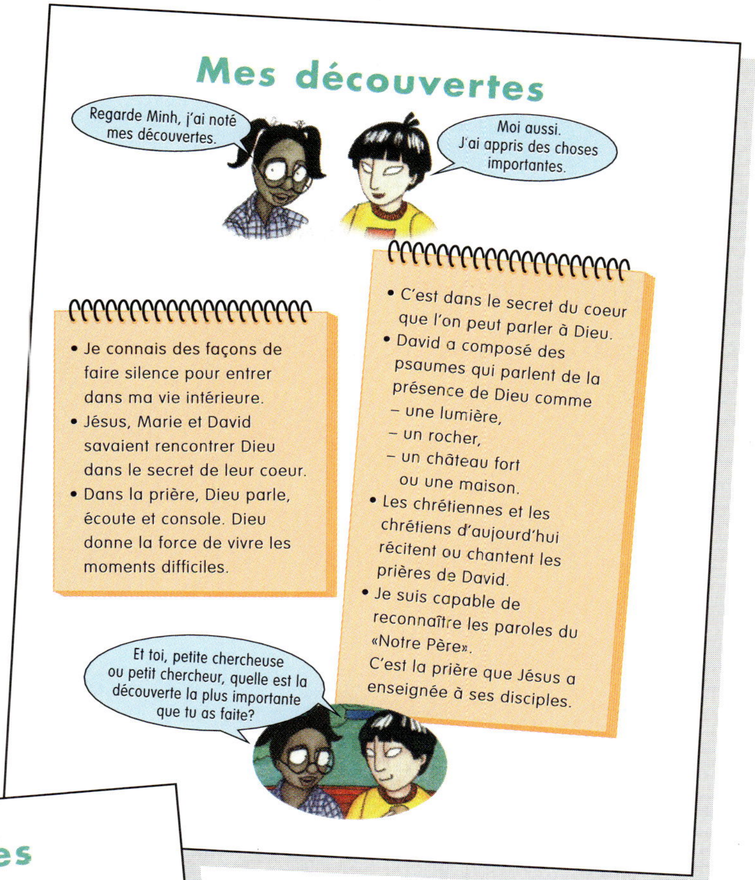

Mes découvertes

Regarde Minh, j'ai noté mes découvertes.

Moi aussi. J'ai appris des choses importantes.

- Je connais des façons de faire silence pour entrer dans ma vie intérieure.
- Jésus, Marie et David savaient rencontrer Dieu dans le secret de leur coeur.
- Dans la prière, Dieu parle, écoute et console. Dieu donne la force de vivre les moments difficiles.

- C'est dans le secret du coeur que l'on peut parler à Dieu.
- David a composé des psaumes qui parlent de la présence de Dieu comme
  – une lumière,
  – un rocher,
  – un château fort ou une maison.
- Les chrétiennes et les chrétiens d'aujourd'hui récitent ou chantent les prières de David.
- Je suis capable de reconnaître les paroles du «Notre Père». C'est la prière que Jésus a enseignée à ses disciples.

Et toi, petite chercheuse ou petit chercheur, quelle est la découverte la plus importante que tu as faite?

Mes découvertes

J'aimerais avoir la sagesse de Salomon.

Je connais des moyens pour prendre de bonnes décisions.

- Tous les humains réfléchissent pour prendre de bonnes décisions.
- Ils peuvent aussi demander conseil.
- Dieu est présent aux personnes qui ont des décisions à prendre.
- Les chrétiennes et les chrétiens peuvent prier et demander de l'aide à Dieu pour agir pour leur bien et celui des autres.
- Les chrétiennes et les chrétiens peuvent se demander: «Que ferait Jésus à ma place?»

Chapitre 5

Des moyens pour bien choisir
(page 95)

121

Chapitre 6

Pâques, le printemps, la vie!
(page 108)

Mes découvertes

La fête de Pâques, je la connais

Jésus ressuscité est présent parmi nous...

... tous les jours, jusqu'à la fin du monde.

Le cierge pascal représente Jésus ressuscité.

L'Alléluia est un cri de joie et un merci tout spécial à Dieu.

Le dimanche, les chrétiennes et les chrétiens célèbrent Jésus ressuscité.

Le peuple juif fête la Pâque en souvenir de la sortie d'Égypte de ses ancêtres.

Mes découvertes

Dieu est présent dans l'histoire de chaque chrétienne et de chaque chrétien.

- L'eau est un symbole de vie et de mort.
- Le cierge pascal est un symbole de Jésus ressuscité, présent aujourd'hui dans la vie des chrétiennes et des chrétiens.
- Les personnes forment la famille des enfants de Dieu. Elles expriment et manifestent la présence de Dieu.
- Le signe de la croix est un symbole de l'amour de Dieu.
- Dieu manifeste sa présence aimante d'une façon toute spéciale au baptême.
- Le baptême, c'est l'entrée dans l'Église, dans la grande famille des enfants qui connaissent Jésus ressuscité.
- L'Esprit saint est le nom que l'on donne à Dieu quand Il est présent dans le coeur d'une personne.

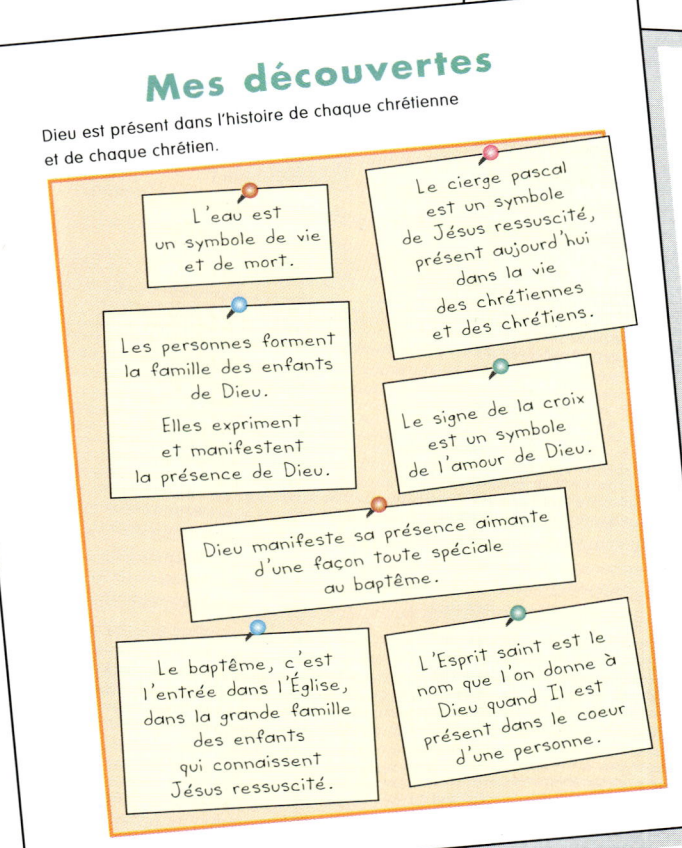

Chapitre 7

Le baptême:
une histoire d'amour
(page 117)

122

Le monde est grand!
Le monde est beau!